Daniel Orozco Coronil

Beste Freunde
DEUTSCH FÜR JUGENDLICHE
Zum Wiederholen und Üben

Hueber Verlag

Das Werk und seine Teile sind urheberrechtlich geschützt.
Jede Verwertung in anderen als den gesetzlich zugelassenen
Fällen bedarf deshalb der vorherigen schriftlichen Einwilligung
des Verlags.

Hinweis zu § 52a UrhG: Weder das Werk noch seine Teile dürfen
ohne eine solche Einwilligung überspielt, gespeichert und in
ein Netzwerk eingespielt werden. Dies gilt auch für Intranets
von Firmen, Schulen und sonstigen Bildungseinrichtungen.

Eingetragene Warenzeichen oder Marken sind Eigentum des
jeweiligen Zeichen- bzw. Markeninhabers, auch dann, wenn diese
nicht gekennzeichnet sind. Es ist jedoch zu beachten, dass weder
das Vorhandensein noch das Fehlen derartiger Kennzeichnungen
die Rechtslage hinsichtlich dieser gewerblichen Schutzrechte berührt.

3. 2. 1.	Die letzten Ziffern
2021 20 19 18 17	bezeichnen Zahl und Jahr des Druckes/Pressung.

Alle Drucke dieser Auflage können, da unverändert,
nebeneinander benutzt werden.
1. Auflage
© 2017 Hueber Verlag GmbH & Co. KG, München, Deutschland
Umschlaggestaltung: Sieveking · Agentur für Kommunikation, München
Zeichnungen: Rosa Linke, Weimar
Layout und Satz: Sieveking · Agentur für Kommunikation, München
Verlagsredaktion: Franziska Nicklas, Silke Hilpert, Hueber Verlag, München
Druck und Bindung: Kessler Druck + Medien GmbH & Co. KG
Printed in Germany
ISBN 978-3-19-381051-9

Mein Ferienheft

Schreib deinen Namen und kleb
ein Foto von dir ein.

Name:

Wo bist du? Kleb ein Foto von deinem
Heimatort oder Ferienort ein oder mal den Ort.

Inhalt

Kapitel 1: Vor den Ferien — 6

Wortschatz	Grammatik	Kommunikation
• Familie • Berufe • Länder • Sprachen • Farben • Wochentage • Schulfächer • Schulsachen • Zahlen	• Präposition *in/aus* + Stadt / Land • Nomen und bestimmter und unbestimmter Artikel im Nominativ (*der, das, die, ein, eine*) • Personalpronomen im Nominativ (*er, es, sie*) • Nomen im Plural	• jemanden vorstellen • über die Familie sprechen • sich verabschieden • Herkunft und Wohnort nennen • über Sprachkenntnisse sprechen • über den Stundenplan sprechen • die Telefonnummer sagen

Selbstevaluation Das kannst du jetzt! — 19

Kapitel 2: Ab in den Urlaub — 20

Wortschatz	Grammatik	Kommunikation
• Sportartikel • Freizeitaktivitäten • Sportarten • Jahreszeiten • Monate • Lebensmittel	• regelmäßige und unregelmäßige Verben im Präsens • Verb + *gern* • *brauchen, finden, mögen* + Akkusativ • *finden* + Adjektiv • Adjektive • Verbkonjugation *möchten*	• sagen, was man gern mag / nicht gern mag • sagen, was man gern macht / nicht gern macht • sagen, was man braucht / nicht braucht • seine Meinung sagen • über Länder reden • einen Wunsch sagen

Selbstevaluation Das kannst du jetzt! — 33

4 vier

Inhalt

Kapitel 3: Im Hotel			34
Wortschatz	Grammatik	Kommunikation	
• im Hotel • Lebensmittel • Uhrzeit • Tageszeiten	• Antwort mit *doch* • Präpositionen *am* + Tageszeit, *um* + Uhrzeit, *zum* + Essen • Fragewörter • trennbare Verben • Verb auf Position 2 im Aussagesatz	• seinen Tagesablauf beschreiben • Zeitangaben machen • über Essgewohnheiten sprechen	

Selbstevaluation Das kannst du jetzt! — 47

Kapitel 4: Spaß im Urlaub			48
Wortschatz	Grammatik	Kommunikation	
• Preise und Mengenangaben	• Höflichkeitsform *Sie* • Genitiv bei Namen • Possessivartikel • Modalverben • Personalpronomen im Nominativ *(ich, du, wir, ihr, sie)*	• sagen, was man möchte / nicht möchte • höflich grüßen und sich verabschieden • nach dem Preis fragen • über die Familie und Freunde sprechen • sich verabreden • einen Vorschlag machen, annehmen oder ablehnen	

Selbstevaluation Das kannst du jetzt! — 61

Transkriptionen 63

  Aufgabe mit Hörtext als MP3-Dateien im Internet

der Spitzer ⟶ ein Spitzer ⟶ er   Grammatik
das Heft ⟶ ein Heft ⟶ es
die Schere ⟶ eine Schere ⟶ sie

Piktogramme und Symbole

fünf **5**

Vor den Ferien

1 KAPITEL

A Mias Familie

A1 Hör zu und lies mit.

Liebes Tagebuch!
Ich heiße Mia Blaurock und bin 12 Jahre alt. Ich wohne in Stuttgart, aber ich komme aus Dresden. Mein Vater heißt Jürgen. Er ist Koch und sein Essen schmeckt prima. Meine Mutter heißt Sabine. Sie ist Lehrerin. Ich habe einen Bruder. Er heißt Marius. Er ist 6 Jahre alt und spielt gern Fußball. Ich gehe in das Hildegardis-Gymnasium und besuche die 7. Klasse. Ich höre gern Musik: Pop, Jazz und Rock. Salat mag ich nicht, aber ich esse gern Spaghetti und Pizza. Die Schule finde ich o. k., aber ich hasse Mathe!!
Meine Oma Berta wohnt bei uns. Sie ist schon 83 Jahre alt. Sie strickt gern und zeichnet sehr gut. Wir haben auch einen Hund. Er heißt Pippo. Er ist sehr lieb, aber er hasst Katzen. Bald haben wir Ferien und wir fahren weg! Super!!

A2 Schau das Bild an und lies den Tagebucheintrag in A1 noch einmal. Wer ist wer? Ergänze die Namen.

1. Jürgen
2. _____
3. _____
4. _____
5. _____
6. _____

A3 Lies den Tagebucheintrag in A1 noch einmal und korrigiere die Sätze.

1. Das ist Marius. Er ist mein ~~Vater~~ Bruder.
2. Das ist Berta. Sie ist meine ~~Schwester~~
3. Das ist Sabine. Sie ist meine ~~Oma~~
4. Das ist Jürgen. Er ist mein ~~Onkel~~
5. Das ist Pippo. Er ist ~~meine Katze~~ mein

sieben   7

A4 Was passt? Ergänze die Berufe mit Artikel.

Arzt × Lehrerin × Hausfrau × Koch × ~~Architekt~~

der Architekt

der Architekt
der Hausmann

die Architekt**in**
die Hausfrau

A5 Was sind Mias Eltern von Beruf? Lies den Tagebucheintrag in A1 noch einmal und ergänze.

1. Mias Vater ist
2.

A6 Mal ein Bild von dir und deiner Familie und ergänze die Namen.

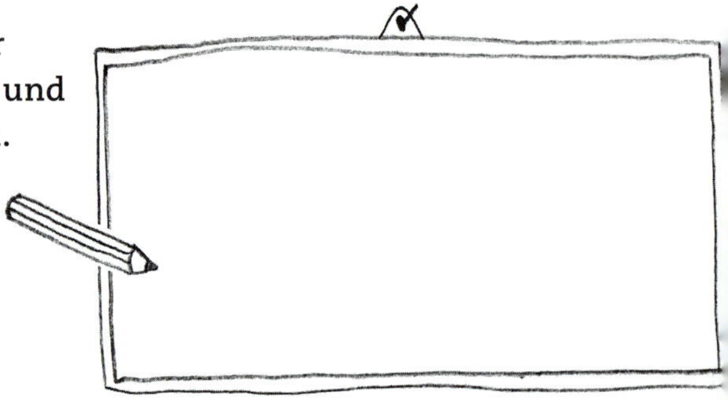

A7 Schreib einen Text über dich und deine Familie. Verwende diese Verben in der richtigen Form.

> heißen ✖ wohnen in ✖ kommen aus ✖ haben ✖ sein

....
....
....
....
....
....

B Letzter Schultag

B1 Mia verabschiedet sich am letzten Schultag. Ergänze die Sprechblasen und verbinde.

1. _Ciao_ (aoCi) Isabella! Viel Spaß in Italien!

2. .... (ssüTsch) Fernando! Wann kommst du aus Spanien zurück?

3. .... (ufA ensehderWie) Frau Häfner! Vielen Dank für alles!

1

B2 Mal die Fahnen an. Schreib die Länder zu den Fahnen.

ndtschDeula · lienIta · nkFrachrei

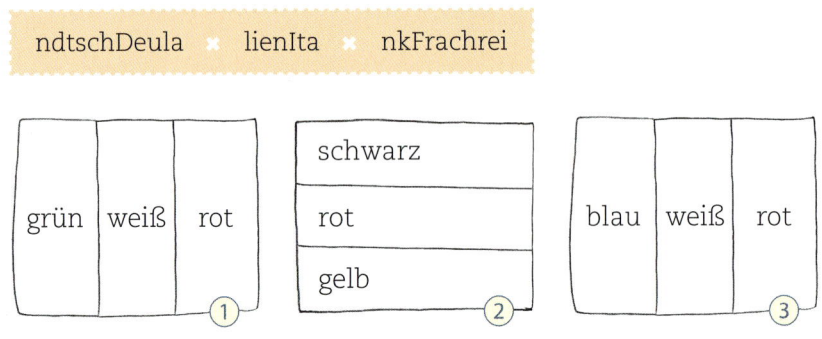

1. .... 2. .... 3. ....

B3 Woher kommen Mias Mitschüler? Ergänze.

1. Alexandra kommt *aus* ....
2. Luca *kommt* ....
3. Jacques ....
4. Danuta ....
5. David ....
6. Serap ....

10 zehn

B4 Woher kommst du? Ergänze das Land und mal die Fahne.

Ich

B5 Was sagt Mia? Hör die Buchstaben und Zahlen. Ergänze dann in der Sprechblase die richtigen Buchstaben.

	1	2	3	4	5	6	7	8
A	N	M	O		S	Ö	E	F
B		E	M	I	U	R	N	L
C	H		X	L	A	W		E
D	D	N	T	P		T	Y	
E	U	R	Q	A	Ü		N	C
F	J	I		O	R	S	E	D
G		F	M	Z		A	P	I
H	G	T	I	R	E	N		Ä

M

!

1

C Die Schule ist endlich aus

C1 Ergänze die Tage und die Schulfächer.
Es fehlen die Vokale *a, o, ö, u, e* und *i*.

M o nt a g	D ... nst ... g	M ... ttw ... ch	D ... nn ... rst ... g	Fr ... t ... g
D ... tsch	M ... th ...	R ... l ... g ... n	G ... sch ... cht ...	Sp ... rt
M ... s ... k		G ... sch ... cht ...	... ngl ... sch	Sp ... rt
... ngl ... sch	... ngl ... sch	D ... tsch	Phys ... k	Fr ... nz ... s ... sch
K ... nst	Fr ... nz ... s ... sch	Phys ... k		M ... th ...
K ... nst	G ... sch ... cht ...	... nf ... rm ... t ... k	B ... ... l ... g ...	M ... s ... k

C2 Welche Schulfächer fehlen?
Hör zu und ergänze im Stundenplan in C1.

3 🔊

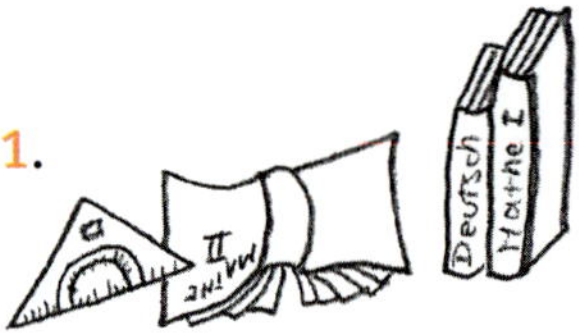

C3 Schau Mias Stundenplan in C1 an.
Ist das richtig (r) oder falsch (f)? Kreuze an.

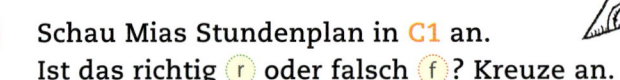

1. Mia hat am Montag zwei Stunden Deutsch.   r ✗
2. Sport hat sie nur am Freitag.   r f
3. Sie hat drei Stunden Mathe.   r f
4. Musik hat sie am Montag und Freitag.   r f
5. Sie hat keine Religionsstunde.   r f
6. Am Mittwoch hat sie kein Biologie.   r f

C4 Vergleiche deinen Stundenplan mit Mias Stundenplan. Ergänze den Satz zu *Mathe*.

Mia hat am Dienstag, Donnerstag und Freitag eine Stunde Mathe. Ich habe

C5 Welche Sprachen sprechen die Personen? Schreib Sätze.

Wo?
　in Berlin / in Deutschland
(!) in der Schweiz / in der Türkei
(!) in den USA

1. In Portugal sprechen die Leute Portugiesisch.

2.

3.

4.

5.

1

C6 Welche Sprachen sprichst du: *kein Wort / gut / sehr gut?*

Ich spreche kein Wort

C7 Was hat Mia alles im Rucksack?
Ordne zu und ergänze die Artikel.

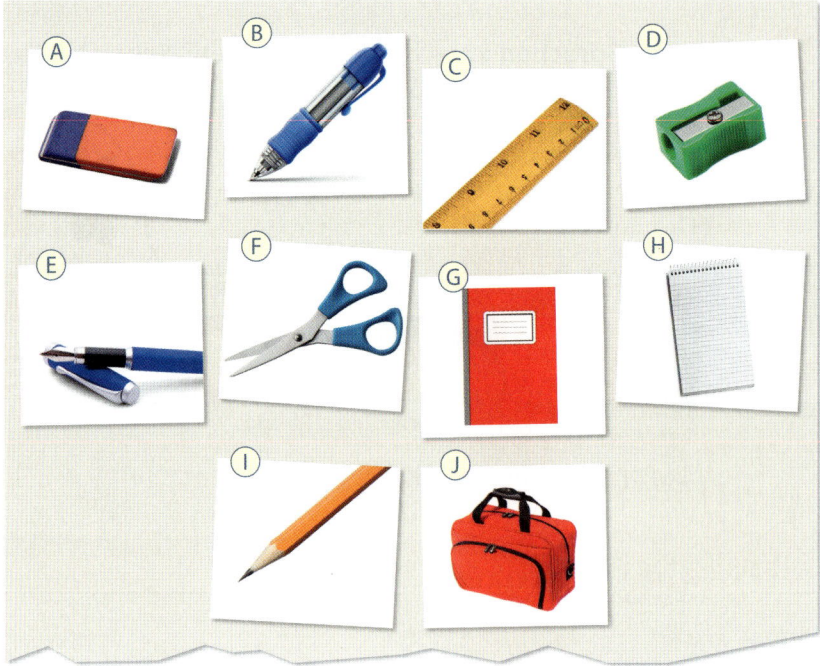

1. (D) der Spitzer
2. ○ .... Sporttasche
3. ○ .... Block
4. ○ .... Lineal
5. ○ .... Schere
6. ○ .... Radiergummi
7. ○ .... Bleistift
8. ○ .... Heft
9. ○ .... Füller
10. ○ .... Kuli

14 vierzehn

1

C8 Schau noch einmal in C7. Ergänze dann die Sätze. Schreib den unbestimmten Artikel und das passende Pronomen.

> der Spitzer ⟶ ein Spitzer ⟶ er
> das Heft ⟶ ein Heft ⟶ es
> die Schere ⟶ eine Schere ⟶ sie

1. Ⓐ *ist ein Radiergummi. Er ist blau und rot.*
2. Ⓑ
3. Ⓓ
4. Ⓕ
5. Ⓖ
6. Ⓙ

C9 Ist das Singular, Plural oder beides? Kreuze an und ergänze.

-e	⸚e	-(e)n	-er	⸚er	-s	-	⸚
Heft	Block	Schere	Bild	Fahrrad	Kuli	Füller	Apfel
Hefte	Blöcke	Scheren	Bilder	Fahrräder	Kulis	Füller	Äpfel

	Sg.	Pl.	der/das/die	die
1. Bücher		X	das Buch	die Bücher
2. Füller				
3. Heft				
4. Kuli				
5. Schere				
6. Äpfel				
7. Block				

fünfzehn

1

C10 Schau das Bild an. Wie viele Schulsachen siehst du?

Ich sehe *drei Hefte,*

D Die letzten Telefonate

D1 Wer hat welche Telefonnummer? Hör zu und verbinde.

4-7

A Opa Hans   B Tante Mareike   C Onkel Robert   D Laura

① 01 57 75 43 68   ② 04 02 53 30 78

③ 07 11 86 54 20   ④ 07 03 16 82 69

16 sechzehn

D2 **Schreib die Telefonnummern aus D1 in Worten.**

1. Opa Hans: *null-vier-*

2. Tante Mareike:

3. Onkel Robert:

4. Laura:

D3 **Wie ist deine Telefonnummer? Schreib sie in Worten.**

Meine Telefonnummer ist

D4 **Ergänze die Zahlen in Worten.**

14 → vier**zehn**
28 → **acht**und**zwanzig**
50 → **fünf**zig

null, eins, zwei, _____, vier, fünf, sechs, _____,
acht, neun, _____, _____, _____,
dreizehn, _____, fünfzehn, _____,
_____, _____, neunzehn, zwanzig,
einundzwanzig, _____, dreiundzwanzig
dreißig, vierzig, _____, _____,
_____, achtzig, _____, hundert

siebzehn **17**

1

D5 Schreib die Zahlen und rechne.

1. _____5_____ + _____ = _____
   fünf plus acht ist gleich _dreizehn_

2. _____ : _____ = _____
   zwölf durch vier ist gleich _____

3. _____ x _____ = _____
   _____ mal dreizehn ist gleich achtundsiebzig

4. _____ − _____ = _____
   dreiundvierzig minus sieben ist gleich _____

D6 Was passt? Unterstreiche.

1. zwei – vier – acht – <u>sechzehn</u> / zehn / zwölf
2. drei – sechs – neun – elf / zwölf / fünfzehn
3. zwanzig – fünfzehn – zehn – fünfundzwanzig / dreißig / fünf
4. vierundfünfzig – achtzehn – sechs – zwei / fünf / dreizehn
5. eins – elf – einundzwanzig – einunddreißig / zweiundzwanzig / zwanzig

D7 Was sind deine Lieblingszahlen?
Schreib die Zahlen in Worten.

Meine Lieblingszahlen sind

Das kannst du jetzt!

Kreuze an.

Meine Wörter

Familie: ☺ 😐 ☹
Vater, Mutter, …

Berufe: ☺ 😐 ☹
Koch, Ärztin, …

Länder: ☺ 😐 ☹
Deutschland, Italien, …

Sprachen: ☺ 😐 ☹
Deutsch, Italienisch, …

Farben: ☺ 😐 ☹
rot, gelb, …

Wochentage: ☺ 😐 ☹
Montag, Dienstag, …

Schulfächer: ☺ 😐 ☹
Mathe, Physik, …

Schulsachen: ☺ 😐 ☹
Füller, Heft, …

Zahlen: ☺ 😐 ☹
eins, zwei, …

Meine Grammatik

Präposition: ☺ 😐 ☹
in, aus

Artikel: ☺ 😐 ☹
der, das, die, ein, eine

Personalpronomen: ☺ 😐 ☹
er, es, sie

Plural: ☺ 😐 ☹
die Bücher, die Hefte, …

☺ Das kann ich gut!
😐 Das geht so.
☹ Das muss ich noch üben.

Ich kann …

mich und andere vorstellen: ☺ 😐 ☹
Ich heiße …, Das ist …

über meine Familie sprechen: ☺ 😐 ☹
Ich habe …, meine Mutter …

mich verabschieden: ☺ 😐 ☹
Auf Wiedersehen!, Tschüss …

meine Herkunft nennen: ☺ 😐 ☹
Ich komme aus … und wohne in …

über meine Sprachkenntnisse sprechen: ☺ 😐 ☹
Ich spreche ein bisschen …

über meinen Stundenplan sprechen: ☺ 😐 ☹
Ich habe drei Stunden Deutsch und …

meine Telefonnummer sagen: ☺ 😐 ☹
Meine Telefonnummer ist …

Ab in den Urlaub

KAPITEL 2

A Mia bereitet die Reise vor

A1 Hör zu und lies mit.

Liebes Tagebuch!
Morgen ist Freitag. Am Freitagmorgen fliegen wir nach Pula. Das ist in Kroatien. Ich habe einen kleinen Koffer. Was packe ich denn ein? Für den Strand brauche ich einen Bikini, einen Badeanzug, meine Taucherbrille und meinen Schnorchel.
Ich kann gut schwimmen. Und dieses Jahr möchte ich einen Tauchkurs machen. Mein Bruder macht einen Surfkurs. Im Sommer brauche ich keine Schulsachen, nur einen Kuli und mein Tagebuch. Ich liebe mein Tagebuch ♥! Was braucht meine Familie? Mein Vater braucht eine Angel. Er angelt sehr gern!
Meine Mutter braucht einen MP3-Player.
Am Nachmittag hört sie gern Musik und singt mit.
Meine Oma braucht einen Bleistift, einen Radiergummi und einen Block. Sie zeichnet am Morgen und am Abend.
Pippo braucht einen Ball. Zu Hause spielt er viel.
Und mein Bruder braucht auch einen Ball. Er spielt IMMER Fußball oder Computer! Das nervt! ☹

A2 Lies die Sätze 1–8. Lies den Tagebucheintrag in A1 noch einmal. Ist das richtig (r) oder falsch (f)? Kreuze an.

1. Am Donnerstag schreibt Mia ins Tagebuch. ☒ f
2. Pula ist in Deutschland. r f
3. Mia packt ihren Rucksack. r f
4. Sie möchte in Kroatien einen Tauchkurs machen. r f
5. Ihr Vater macht Sport. Er braucht seine Sporttasche. r f
6. Ihre Mutter muss kochen. Sie braucht ihr Kochbuch. r f
7. Ihre Oma zeichnet gern. r f
8. Pippo und Marius spielen gern Fußball. r f

A3 Was macht Familie Blaurock gern ☺? Lies den Tagebucheintrag in A1 noch einmal und verbinde. Schreib dann Sätze.

1. _Mia schwimmt gern._
2. _Jürgen_
3. _Sabine_
4. _Oma Berta_
5. _Pippo und Marius_

2

A4 Was macht Familie Blaurock nicht gern ? Schreib Sätze.

ich	esse	schlafe
du	(!) isst	(!) schläfst
er/sie	(!) isst	(!) schläft

Er spielt gern Fußball.
Er spielt nicht gern Fußball.

1. Mia — zeichnen ☹
   Mia zeichnet nicht gern.
2. Marius — Obst essen ☹
3. Jürgen — Sport machen ☹
4. Pippo — schlafen ☹
5. Oma Berta — Computer spielen ☹
6. Sabine — kochen ☹

A5 Erkennst du die Hobbys? Lies die Wörter im Spiegel und schreib richtig.

1. (nelǝips) *spielen*
2. (nehcuat)
3. (nenhciez)
4. (nemmiwhcs)
5. (nlegna)
6. (nefrus)
7. (negnis)
8. (neröh kisuM)

spielen

22 zweiundzwanzig

B Endlich Freizeit

B1 Was spielen die Jugendlichen? Hör zu.
Wie ist die Reihenfolge?

○ Sie spielen Fußball.
○ Er spielt Saxofon.
○ Er spielt Schlagzeug.
○ Sie spielt Gitarre.
1 Sie spielen Basketball.
○ Sie spielen Tennis.

B2 Was machst du gern ☺, was machst du nicht gern ☹?
Mal und schreib dann Sätze zu den Bildern.

2

B3 Lös das Rätsel.

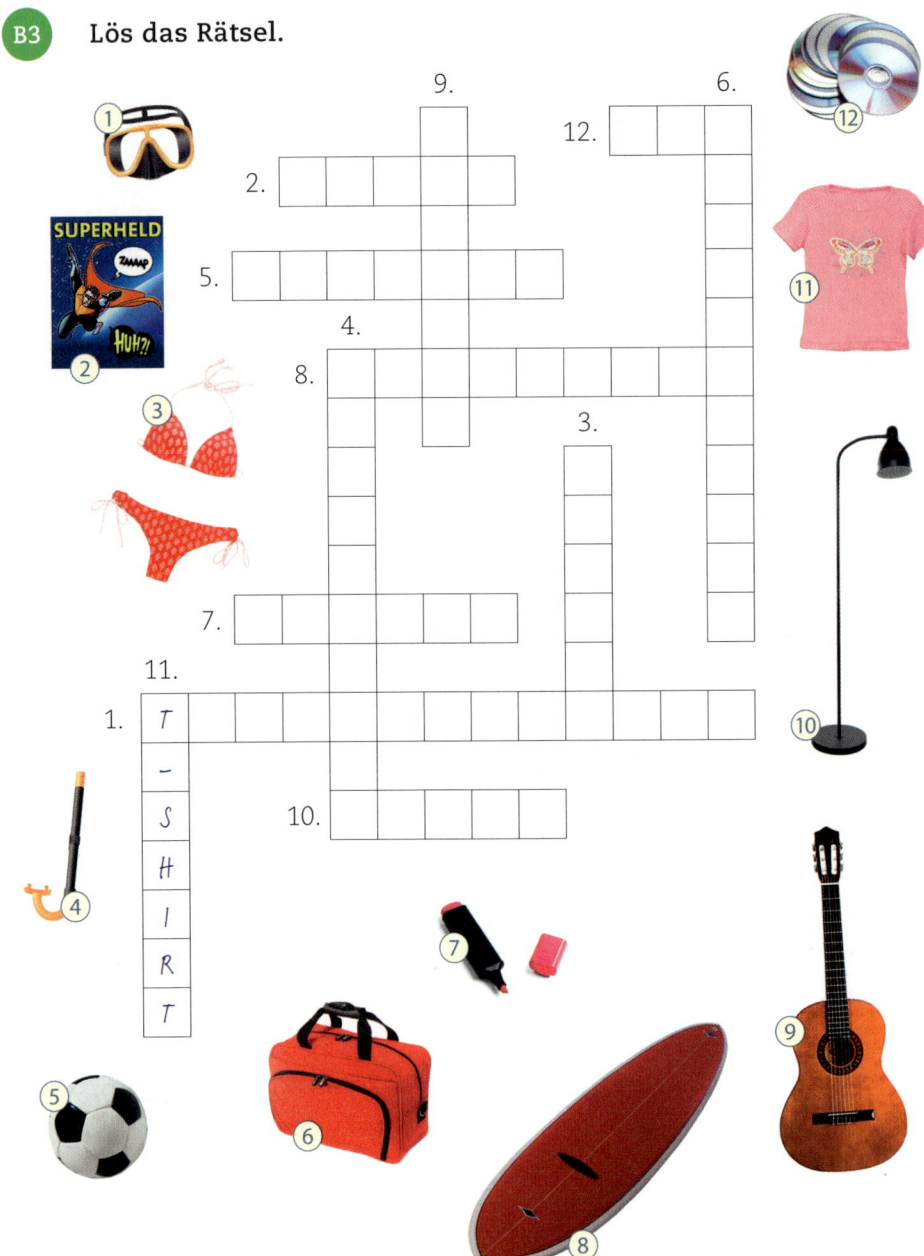

1. T-SHIRT

B4 Was braucht Marius für die Ferien, was braucht er nicht? Schreib mit den Wörtern aus **B3** Sätze.

Er braucht	einen / keinen Sessel
	ein / kein Surfbrett
	eine / keine Taucherbrille
	-- / keine Hefte

Marius braucht eine Taucherbrille,

Er braucht keinen Marker,

B5 Schreib einen kurzen Text über dich und deine Freunde.

Was macht ihr gern im Sommer? Was braucht ihr für die Ferien?

Wir spielen gern Basketball, ... aber wir spielen nicht gern ...
Wir schwimmen gern und ..., aber wir ... nicht gern.
Wir brauchen ..., aber wir brauchen kein ...

2

C Oma und Pippo finden das super

C1 Sind diese Adjektive positiv ☺ oder negativ ☹? Ordne zu.

super × cool × blöd × interessant ×
süß × toll × langweilig

☺	☹

C2 Ergänze die Wörter mit den Artikeln im Akkusativ.

| Er findet | den Ball
das Surfbrett
die Taucherbrille
die Katzen | cool. |

1. Pippo findet _den Kuchen_ lecker.
2. Pippo _____ blöd.
3. Pippo _____ super.
4. Pippo _____ cool.
5. Pippo _____ nicht so lecker.
6. Pippo _____ von Mia toll.

C3 Was mag Oma Berta 😊, was mag sie nicht ☹?
Schau die Bilder an und schreib Sätze.

> 😊 Oma Berta mag Kuchen / Spezi / Milch / Bananen. –
> ☹ Oma Berta mag keinen Kuchen / kein Spezi / keine Milch / keine Bananen.

~~Obst~~ × Chips × Orangensaft × Cola × ~~Gemüse~~ × Fleisch × Spaghetti × Hamburger

①

③

②

④

1. Oma Berta mag Obst, aber sie mag kein Gemüse.
2.
3.
4.

siebenundzwanzig 27

2

C4 Ergänze die Vokale im Rad.

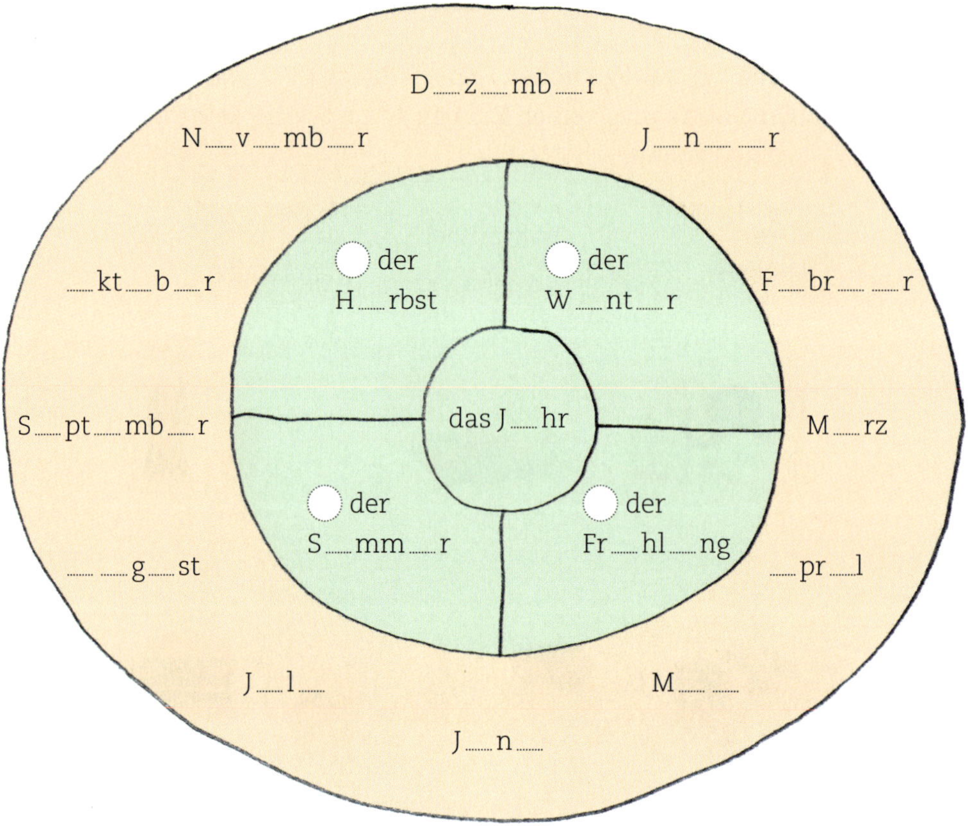

D...z...mb...r
N...v...mb...r
J...n...... r
...kt...b...r
der H...rbst
der W...nt...r
F...br...... r
S...pt...mb...r
das J...hr
M...rz
....g...st
der S...mm...r
der Fr...hl...ng
...pr...l
J...l...
M...... ......
J...n......

C5 Schau noch einmal das Rad in C4 an. Schau die Bilder an und ordne die Jahreszeiten zu.

 A
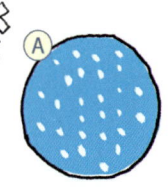 B
 C
 D
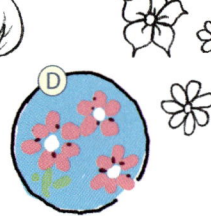

D In den Urlaub fahren

D1 Woher kommen die Personen?
Was möchten sie im Urlaub machen?

ich	möchte	wir	möchten
du	(!) möchtest	ihr	(!) möchtet
er/sie	(!) möchte	sie	möchten

1.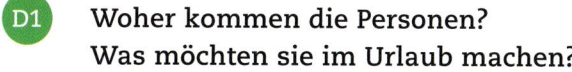

Jack kommt aus Portugal.
Er möchte surfen.

Jack

2.

Martina

3.

Amanda

4.

Raphaël und Damián

D2 Ergänze die Lücken.

Österreich

Hauptstadt: Wien
Einwohner: 8,5 Millionen
Sprache: Deutsch
Kennzeichen: A

das Riesenrad

Das ist das _Riesenrad_ (1) in Wien. _____ (2) ist die Hauptstadt von _____ (3). Das Land hat 8,5 Millionen _____ (4). In _____ (5) spricht man _____ (6). Das internationale Kennzeichen ist _____ (7).

D3 Ergänze die Lücken.

Deutschland

Hauptstadt: Berlin
Einwohner: 81 Millionen
Sprache: Deutsch
Kennzeichen: D

das Brandenburger Tor

Das ist das _Brandenburger Tor_ (1) in Berlin. _____ (2) ist die _____ (3) von Deutschland. Das Land hat _____ (4) Millionen _____ (5). In _____ (6) spricht man _____ (7). Das internationale Kennzeichen ist _____ (8).

D4 Ergänze den Text.

die Schweiz

Hauptstadt: Bern
Einwohner: 8 Millionen
Sprache: Deutsch, Französisch, Italienisch und Rätoromanisch
Kennzeichen: CH

die Zytglogge

Das ist _____ (1) in Bern. _Bern ist die_ _____
_____
_____
_____
_____
_____
_____ (2)

einunddreißig **31**

2

D5 Schreib einen Text zu deinem Land. Zeichne die Flagge und kleb ein Foto dazu.

Hauptstadt: ....
Einwohner: .... Millionen
Sprache: ....

Kennzeichen: ....

Das ist ....

Das kannst du jetzt!

Kreuze an.

Meine Wörter

Sportartikel: ☺ 😐 ☹
Surfbrett, Taucherbrille, …

Freizeitaktivitäten: ☺ 😐 ☹
singen, Musik hören, …

Sportarten: ☺ 😐 ☹
Basketball, Tennis, …

Jahreszeiten: ☺ 😐 ☹
der Herbst, der Sommer, …

Monate: ☺ 😐 ☹
September, Dezember, …

Lebensmittel: ☺ 😐 ☹
Fleisch, Obst, …

Meine Grammatik

regelmäßige und unregelmäßige Verben im Präsens: ☺ 😐 ☹
spielen, schlafen, …

brauchen, finden, mögen + Akkusativ: ☺ 😐 ☹
Ich brauche einen Bikini.

Verb + gern: ☺ 😐 ☹
Ich klettere gern.

finden + Adjektiv: ☺ 😐 ☹
Ich finde Fußball blöd.

Adjektive: ☺ 😐 ☹
süß, blöd, …

Verbkonjugation möchten: ☺ 😐 ☹
ich möchte, du möchtest, …

☺ Das kann ich gut!
😐 Das geht so.
☹ Das muss ich noch üben.

Ich kann …

sagen, was ich gern mag / nicht gern mag: ☺ 😐 ☹
Ich mag … Ich mag kein …

sagen, was ich gern mache / nicht gern mache: ☺ 😐 ☹
Ich spiele gern Fußball. Ich schwimme nicht gern.

sagen, was ich brauche / nicht brauche: ☺ 😐 ☹
Ich brauche einen Ball. Ich brauche keinen Schnorchel.

meine Meinung sagen: ☺ 😐 ☹
Ich finde den Kuchen lecker.

über Länder reden: ☺ 😐 ☹
Das ist das Brandenburger Tor in …

einen Wunsch sagen: ☺ 😐 ☹
Ich möchte surfen.

dreiunddreißig **33**

Im Hotel

3 KAPITEL

A Mia kommt im Hotel an

A1 Hör zu und lies mit.

10

Liebes Tagebuch!

① Wir sind schon im Hotel. Wir sind alle müde, aber sehr froh! Kroatien ist wunderschön und das Hotel finde ich super! Es gibt fast alles.

② Papa und Mama haben ein Zimmer zusammen und meine Oma, mein Bruder und ich haben ein Zimmer. Das ist blöd! Oma schnarcht ☹.

③ Wir haben auch eine Küche. Papa kocht in den Ferien. Am Abend gibt es immer Käse, Wurst, Butter und Brot!

④ Der Mini-Klub für Kinder ist auch nett. Dort spielt mein Bruder am Nachmittag Tischtennis. Am Abend ist immer eine Disco für Kinder ☺.

⑤ Ich bin am Nachmittag lieber am Strand und schwimme im Meer. Dann treffe ich am Abend meine Freunde aus Pula. Sie sind genial!

⑥ Meine Oma sitzt am Morgen am Pool und zeichnet. Am Nachmittag spielt sie Karten mit Papa und Mama. Am Abend schläft sie schon um 21.00 Uhr ☹!

A2 Schau die Bilder an. Lies den Tagebucheintrag in A1 noch einmal und ordne dann die Textteile 1–6 den Bildern zu.

A3 Was ist das? Ergänze.

der Pool ✗ die Rezeption ✗ der Parkplatz ✗
das Restaurant ✗ der Mini-Klub ✗ ~~das Fitness-Studio~~

A: das Fitness-Studio

B:

C:

D:

E:

F:

3

A4 **Was hat das Hotel? Hör zu und kreuze an.**

Das Hotel hat …

1. einen Pool. (X)
2. einen Mini-Klub. ◯
3. ein Restaurant. ◯
4. eine Sauna. ◯
5. ein Fitness-Studio. ◯
6. eine Bibliothek. ◯
7. einen Fußballplatz. ◯
8. Fahrräder. ◯
9. ein Kino. ◯

A5 **Hör noch einmal und kreuze an.**

| Spielt Marius gern Fußball? | ☺ Ja. | ☹ Nein. |
| Spielt Marius nicht gern Fußball? | ☺ Doch. | ☹ Nein. |

1. Hat das Hotel einen Pool? (X) Ja. ◯ Nein.
2. Ist das Zimmer 104 nicht für die Oma? ◯ Doch. ◯ Nein.
3. Hat das Hotel keine Fahrräder? ◯ Doch. ◯ Nein.
4. Hat Familie Blaurock Hunger? ◯ Ja. ◯ Nein.
5. Findet Mia das Essen in Kroatien nicht lecker? ◯ Doch. ◯ Nein.
6. Hat das Hotel kein Kino? ◯ Doch. ◯ Nein.

36 sechsunddreißig

A6 Lies die Anzeige. Was hat das Hotel? Schreib Sätze.

Willkommen im Berner Oberland

⭐⭐⭐ *Hotel Paradisus Interlaken*

Almstraße 41, CH-3800 Interlaken
Tel. 0041 33 828 67 90, mail@paradisus.ch
www.paradisushotel.ch

Ferienhotel in ruhiger Lage. Große Zimmer mit Balkon und Dusche. Leckeres Frühstücksbüffet. Pool ab 20. Juni geöffnet. Wellness-Oase mit Sauna und Fitness-Studio. Bücher zum Ausleihen in unserer gemütlichen Bibliothek. Kommen Sie mit dem Auto? Bei uns finden Sie eine Garage. Fahrräder haben wir auch für Sie.

Herzliche Gastfreundschaft im ♥ der Schweizer Alpen!

Das Hotel hat

Es hat auch

3

B **Es ist höchste Zeit**

Das sind die Stunden.
Das sind die Minuten.

B1 Wie spät ist es? Mal die Uhrzeiten.

1. Es ist sieben Uhr.

3. Es ist elf Uhr.

2. Es ist halb zwölf.

4. Es ist halb vier.

B2 Wie spät ist es? Schreib die Uhrzeiten.

1. Es ist halb fünf.

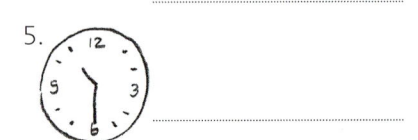

2.

3. 10:00

4.

5.

6. 09:30

B3 Was macht Mia wann?
Ergänze die Uhrzeiten.

```
7:30   frühstücken
9:30   mit Marius surfen
13:00  Salat und Obst kaufen
16:30  Musik hören
20:00  Freunde am Pool treffen
```

Wann?
um + Uhrzeit

1. Mia frühstückt *um halb acht* .
2. Mia surft mit Marius _____.
3. Mia kauft _____ Salat und Obst ein.
4. Sie hört _____ Musik.
5. Sie trifft _____ ihre Freunde.

B4 Was macht Marius wann? Beginne mit der Tageszeit.

Wann?
am + Tageszeit
(!) in der Nacht

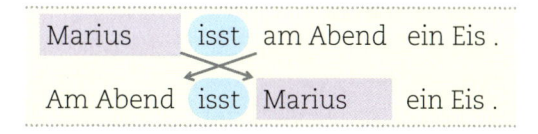

Marius isst am Abend ein Eis.
Am Abend isst Marius ein Eis.

1. Morgen — frühstücken *Am Morgen frühstückt Marius.*
2. Vormittag — Mountainbike fahren _____

3. Mittag — Pizza essen _____

4. Nachmittag — schwimmen _____

5. Abend — Karten spielen _____

6. Nacht — schlafen _____

C Lange und leckere Sommertage

C1 Wie heißen diese Lebensmittel? Kreuze an.

1.
- ○ die Chips
- ○ das Brot
- ○ die Schokolade

2.
- ○ der Fisch
- ○ das Fleisch
- ○ die Pizza

3.
- ○ die Ananas
- ○ der Schinken
- ○ die Mangos

4.
- ○ der Eistee
- ○ die Suppe
- ○ das Obst

5.
- ○ die Eier
- ○ die Milch
- ○ der Kaffee

6.
- ○ das Obst
- ○ die Spaghetti
- ○ der Reis

7.
- ○ die Tomaten
- ○ die Limonade
- ○ die Kartoffeln

8.
- ○ das Gemüse
- ○ der Kuchen
- ○ die Butter

3

C2 Hör die Radiointerviews mit Familie Blaurock. Wer spricht? Was isst die Person? Mal die Person in den Kreis und ergänze die Lücken.

2–13

Interview 1

Zum Frühstück isst ....

.... und

trinkt ....

Zum Mittagessen isst ....

.... und

trinkt ....

Zum Abendessen isst ....

.... und

trinkt ....

Interview 2

Zum Frühstück isst ....

.... und

trinkt ....

Zum Mittagessen isst ....

.... und

trinkt ....

Zum Abendessen isst ....

und trinkt ....

einundvierzig **41**

3

C3 Welches Restaurant passt zu welchem Gast? Ordne zu.

Ⓐ **DA GIORDANO**, Am Rhein 3, Köln
Ihr italienisches Restaurant am Rhein. Kommen Sie und fühlen Sie sich hier wie im Italienurlaub.

- **Getränke:** Chianti Weine, Bier, Cola, Mineralwasser, Birnensaft
- **Speisen:** Spaghetti mit Tomatensoße, Makkaroni mit Fleischsoße, Pizza Diavolo (scharf!!), Pizza Da Giordano (unsere Spezialität)
- **Eisbecher für jeden Geschmack:** Schokolade, Vanille, Pistazie, Stracciatella, Torrone, Erdbeer, Orange, Zitrone

Ⓑ **Das süße Land**
Bei uns bekommen Sie nur Süßes! Zucker, Honig und alles, was Sie glücklich macht.

Getränke: Cappuccino, heiße Schokolade, Kakao mit Sahne, Eistee

Speisen: Kuchen aller Sorten: Schokolade, Erdbeer, Zitrone und viele mehr

Eis in jeder Geschmacksrichtung: Tutti Frutti, Nugat, Banane und viele andere

Crêpes mit: Nutella, Eis, heißen Kirschen

Ⓒ **VEGA-RESTAURANT**
Hier genießen Sie das Leben ohne Fleisch und ohne Fisch. Vegetarier sind hier herzlich willkommen!

Getränke: Mineralwasser, Ananassaft, Mangosaft, Bananen-Kirschsaft, Tee

Speisen: Gemüselasagne, Salatauswahl vom Buffet, Obstsalat, verschiedene Eissorten (ohne Milch)

○ Gast 1: Ich mag Gemüse und Obst. Fleisch und Fisch esse ich nie. Ich trinke auch keinen Alkohol.
○ Gast 2: Ich esse gern Italienisch. Pizza und Pasta finde ich lecker.
○ Gast 3: Ich liebe Schokolade, Kuchen, Eis … Alles mit Zucker, alles süß!

C4 **Schreib einen kurzen Text.**

Was isst und trinkst du gern zum Frühstück, zum Mittagessen, zum Abendessen? Was magst du nicht? Was hasst du?

> Zum Frühstück esse ich gern ... und trinke ..., aber ich esse nicht gern ... und trinke nicht gern ...
> Ich mag auch ... / ... esse ich gern. Ich mag kein ... / ... esse ich nicht so gern. Ich hasse ...

D Im Sommer ist es nie spät

D1 *Wann oder Wie lange? Was passt? Unterstreiche.*

Wann? am Nachmittag um drei Uhr	Wie lange … ? fünfzehn Minuten von acht bis neun Uhr

1. ▲ <u>Wann</u> / Wie lange stehst du auf? ● Um 9.30 Uhr
2. ▲ Wann / Wie lange schläfst du? ● Acht Stunden.
3. ▲ Wann / Wie lange trainierst du Fußball? ● 90 Minuten.
4. ▲ Wann / Wie lange gehst du einkaufen? ● Am Vormittag.
5. ▲ Wann / Wie lange chattest du mit deinen Freunden?
   ● Von fünf bis halb sechs.

D2 *Mama weiß alles! Wann …? Wie lange …? Schreib Fragen und Antworten zu den Uhren wie im Beispiel.*

1. mit Pippo spazieren gehen /

   Jürgen: *Wie lange muss ich mit Pippo spazieren gehen?*
   Sabine: _____
2. Mittagessen fertig sein /

   Mia: _____
   Sabine: _____
3. Marius schlafen /

   Mia: _____
   Sabine: _____

D3 In den Ferien macht Marius nichts. Ergänze die Wörter.

| ein | kaufen | Sie | kauft | | ein . |
| auf | stehen | Sie | steht | um neun Uhr | auf . |

fern × ~~auf~~ × auf × ein

Oh, mein Bruder. Er nervt!!!! Er steht in Pula auch schon um 7 Uhr _auf_ (1).
Am Nachmittag sieht er zwei Stunden _____ (2).
Er kauft nie _____ (3). Und das Zimmer räumt er auch nie _____ (4).

D4 Ergänze die trennbaren Verben aus D3.

fernsehen,

D5 Ergänze die Tabelle mit den trennbaren Verben.

	aufstehen	aufräumen	einkaufen
ich	_stehe auf._		
du			
er/sie			
wir			
ihr			
sie			

fünfundvierzig **45**

3

D6 Schreib über deinen Tag in den Ferien.
Die Bilder helfen dir.

*Die Ferien sind super! Ich stehe um _____
Uhr auf. Um*

46 sechsundvierzig

Das kannst du jetzt!

Kreuze an.

Meine Wörter

im Hotel: ☺ ☐ ☹
Restaurant, Pool, …

Lebensmittel: ☺ ☐ ☹
der Kuchen, das Obst, …

Uhrzeit: ☺ ☐ ☹
halb eins, zwei Uhr, …

Tageszeiten: ☺ ☐ ☹
am Morgen, in der Nacht, …

Meine Grammatik

Antwort mit doch: ☺ ☐ ☹
Doch, ich mag Sport. …

Präpositionen
am + Tageszeit, um +
Uhrzeit, zum + Essen: ☺ ☐ ☹
am Morgen, um ein Uhr,
zum Frühstück, …

Fragewörter: ☺ ☐ ☹
wann, wie lange

trennbare Verben: ☺ ☐ ☹
einkaufen, aufstehen, …

Verb auf Position 2 im
Aussagesatz: ☺ ☐ ☹
Ich schwimme gern. …

☺ Das kann ich gut!
☐ Das geht so.
☹ Das muss ich noch üben.

Ich kann …

meinen Tagesablauf
beschreiben: ☺ ☐ ☹
Um acht Uhr frühstücke
ich. Am Vormittag gehe ich
schwimmen.

Zeitangaben machen: ☺ ☐ ☹
Es ist halb vier.

über meine Essgewohnheiten
sprechen: ☺ ☐ ☹
Zum Frühstück esse
ich Brot.

siebenundvierzig 47

Spaß im Urlaub

KAPITEL 4

A Mia und ihre Freunde

A1 Hör zu und lies mit.

14

Liebes Tagebuch!
In Pula habe ich viele Freunde: Ivana, Kristina und Darko. Ivana und Kristina sind zwölf, wie ich. Sie wohnen hier und sprechen sehr gut Deutsch. Darko ist dreizehn und wohnt in Innsbruck, in Österreich.
Heute möchte ich mit Ivana und Kristina einkaufen: Tomaten und Zwiebeln für den Salat (Igitt, Salat ☹) und Fisch für die Suppe. Papa kocht für uns ☺.
Am Nachmittag fahren Darko und ich Rad. Darko fährt immer sehr schnell. Mist! Aber er ist soooo süß! Danach habe ich Tauchkurs am Pool. Ich möchte schnell allein tauchen. Aber ich muss noch viel üben! Am Abend möchte Mama ein Eis und wir gehen in die Stadt. Ich liebe Eis!!
Oma Berta mag kein Eis. Sie bleibt im Hotel und schläft.
Ab zehn Uhr ist im Hotel immer eine Mini-Disco. Ich tanze mit meinen Freunden bis zwölf Uhr!! Papa und Mama sind auch dabei, Marius tanzt nur ein bisschen und dann geht er mit Papa.
Pula ist fantastisch!!!

4

A2 Schau die Bilder an und lies den Tagebucheintrag in A1 noch einmal. Wie ist die Reihenfolge? Wie ist das Lösungswort?

E   R

E   F

I   N

Lösungswort: _ _ _ _ _ _

neunundvierzig **49**

4

A3 Wer möchte das, wer möchte das nicht? Schreib Sätze.

> Mia möchte einen Kuchen.
> Marius möchte keinen Kuchen.

1. *Oma Berta möchte eine Suppe, aber sie möchte kein Eis.*
2. *Mia*
3. *Pippo*

A4 Was kostet das? Hör zu und ergänze die Preise. Schreib Sätze.

15–17

1. *Eine Flasche Wasser kostet 75 Cent.*
2.
3.

50 fünfzig

A5 Du möchtest Bananenmilch machen und gehst einkaufen. Schreib einen Dialog. Es gibt mehrere Lösungen.

Hier, bitte. ✖ Auf Wiedersehen. ✖
Haben Sie …? ✖ Das macht … ✖
~~Guten Tag~~. ✖ Auf Wiedersehen. ✖
Vielen Dank. ✖ Ich möchte … ✖
Sonst noch etwas? ✖ Nein, vielen Dank. Wie viel kostet …?
Natürlich. Möchtest du sonst noch etwas? ✖ Ich brauche …

- 2 Bananen
- 1 Liter Milch
- Zucker

Guten Tag.

B Mias Familie und Freunde sind toll

B1 Hör die Dialoge. Ist das richtig (r) oder falsch (f)? Kreuze an.

1. Mias Mutter möchte singen. (r) (f✗)
2. Pippos Ball ist kaputt. (r) (f)
3. Marius' Freund heißt Felix. (r) (f)
4. Sabines Schwester fährt nach Spanien. (r) (f)

B2 Schreib Sätze wie im Beispiel.

Lisas Vater
Thomas' Tante

1.   schön

Omas Bild ist schön.

2.   toll

3.   dick

4.   cool

5.   alt

6.   gelb

B3 Schau den Steckbrief von Darko an und ergänze.

er	sie	
sein	ihr	Vorname
sein	ihr	Lieblingswort
seine	ihre	Lieblingsfarbe
seine	ihre	Hobbys

Name	Darko
Wohnort	Innsbruck
Alter	13
Mutter	Dunja
Vater	Valentin
Schwester	Marija
Bruder	–
Lieblingsfarbe	Grün
Lieblingsessen	Fleisch
Lieblingswort	Party
Hobbys	Tanzen und Fahrrad fahren

Das ist Darko. Er wohnt in _____. Er ist _____ Jahre alt. _____ Mutter heißt _____. _____ Vater _____. _____ Schwester _____. Er hat _____ Bruder. _____ Lieblingsfarbe ist _____. _____ Lieblingsessen ist _____. _____ Lieblingswort ist _____. _____ Hobbys sind _____.

4

B4 Schau den Steckbrief von Ivana an und schreib einen Text.

Name	Ivana
Wohnort	Pula
Alter	12
Mutter	Nevenka
Vater	Mirko
Schwester	–
Bruder	Ladislav, Pavel
Lieblingsfarbe	Rot
Lieblingsessen	Fisch
Lieblingswort	Freunde
Hobbys	Gitarre spielen und Kino

Das ist

C Spaß muss sein

C1 Schreib die Redemittel in die richtige Spalte.

Was machst du heute Vormittag?   Vielleicht morgen?
Nein, tut mir leid. Ich muss …   Super!   Ja, gern.
Leider nicht. Ich möchte …   … wir heute zusammen …?
~~Möchtest du heute …?~~   Das geht nicht. Ich muss …
Oh, schade! Ich habe …   Okay, das geht!   Hast du Zeit?

Vorschläge

Möchtest du heute …?

Ja 😊 | Nein ☹

C2 Schreib zwei Dialoge. Benutze die Redemittel aus C1.

1.

☹ Bio / lernen / müssen

morgen / ?

☺ wann / ?

18:00 Uhr

2.

☺ wann / ?

Wochenende

☹ Oma / Geburtstag haben

☹

C3 Keine Freizeit! Schreib Sätze zu den Bildern.

| Mia | möchte | ein Eis | essen. |
| Ivana | muss | Hausarbeiten | machen. |

1. Mia möchte tauchen, aber sie muss

2. Darko

3. Mia und Marius

4. Ivana

C4 Was kann man hier machen?
Schau die Bilder an und korrigiere.

1. ~~Hier kann Jürgen das Auto parken.~~
   Hier kann Jürgen Sport machen.

2. Hier kann Mia eine Suppe kochen.

3. Hier können Mia, Ivana und Kristina tanzen.

4. Hier kann Oma Berta Bilder malen.

C5 Ergänze die Tabelle.

	können	müssen
ich	(!) kann	(!) muss
du	(!)	(!)
er/sie	(!)	(!)
wir		
ihr		
sie		

D Alles hat ein Ende

D1 Lies die E-Mail. Ergänze *ich, du, er, sie, wir, ihr* und *sie* (Plural).

Liebe/r _____,
Die letzten Tage in Kroatien ☹.
Hier habe _____ (1) viele Freunde. Ivana ist meine beste Freundin. _____ (2) ist so super! _____ (3) sind den ganzen Tag zusammen am Strand. Marius nervt immer mit seinem Ball. _____ (4) will immer am Strand Ball spielen, aber _____ (5) hat jetzt keinen Ball mehr. _____ (6) ist kaputt … Danke, Pippo! ☺
Weißt du was? Ich habe auch einen Freund. _____ (7) heißt Darko. Ich finde Darko so süß!!!! _____ (8) wohnt in Österreich, aber seine Großeltern kommen aus Kroatien. Zu Hause sprechen _____ (9) immer Kroatisch, aber _____ (10) verstehe leider kein Wort. ☹
Wie ist dein Sommer? Hast _____ (11) auch viele Freunde? Sind _____ (12) auch so nett?
Was macht _____ (13) in den Ferien? Wo seid _____ (14)?
_____ (15) möchte dich bald wieder sehen.
Viele liebe Grüße aus Pula
deine Mia

4

D2 Wie gut kennst du die Geschichte von Mias Ferien?
Ist das richtig (r) oder falsch (f)? Kreuze an.

1. Mia wohnt in Hamburg. (r) (f)
2. Mia isst gern Spaghetti und Pizza. (r) (f)
3. Die Familie von Mia fährt in die Schweiz. (r) (f)
4. Pippo muss zu Hause bleiben. (r) (f)
5. Sabine liest sehr gern Bücher. (r) (f)
6. Das Hotel hat keinen Pool. (r) (f)
7. Im Zimmer kann der Vater kochen. (r) (f)
8. Mias Oma geht früh ins Bett. (r) (f)
9. Darko wohnt in Österreich. (r) (f)
10. Darko fährt schnell Rad. (r) (f)
11. Ivana und Kristina gehen mit Mia einkaufen. (r) (f)
12. Oma Berta möchte am Abend ein Eis essen. (r) (f)
13. Ab 20 Uhr tanzen Mia und ihre Freunde in der Mini-Disco. (r) (f)
14. Pippo hasst Katzen. (r) (f)
15. Mia mag Darko sehr. (r) (f)

**Für jede richtige Antwort bekommst du 1 Punkt.
Zähl deine Punkte.**

1 bis 5 Punkte: Na ja, du solltest das Ferienheft noch einmal lesen. Das zweite Mal wirst du es bestimmt schaffen.
6 bis 10 Punkte: Nicht schlecht.
An manchen Stellen musst du noch etwas üben.
11 bis 15 Punkte: Herzlichen Glückwunsch!!

Das kannst du jetzt!

Kreuze an.

Meine Wörter

Preise und Mengenangaben: ☺ 😐 ☹
2 Euro, ein Liter, …

Meine Grammatik

Höflichkeitsform Sie: ☺ 😐 ☹
Haben Sie Eier?

Genitiv bei Namen: ☺ 😐 ☹
Omas Bild, Marius' Ball

Possessivartikel: ☺ 😐 ☹
sein, ihr

Modalverben: ☺ 😐 ☹
möchten, können und müssen

Personalpronomen: ☺ 😐 ☹
ich, du, wir, ihr, sie

☺ Das kann ich gut!
😐 Das geht so.
☹ Das muss ich noch üben.

Ich kann …

sagen, was ich möchte / nicht möchte: ☺ 😐 ☹
Ich möchte Pizza essen.

höflich grüßen und mich verabschieden: ☺ 😐 ☹
Guten Tag!,
Auf Wiedersehen!

nach dem Preis fragen: ☺ 😐 ☹
Wie viel kostet die Milch?

über meine Familie und Freunde sprechen: ☺ 😐 ☹
Das ist mein Bruder.
Das sind meine Eltern.

mich verabreden: ☺ 😐 ☹
Hast du Zeit?

einen Vorschlag machen, annehmen oder ablehnen: ☺ 😐 ☹
Wir können ins Kino gehen. / Ja, super. / Nein, ich habe keine Zeit.

einundsechzig 61

Was gefällt dir sehr gut in deinen Ferien?

Mal deine schönsten Ferienerlebnisse oder kleb Fotos ein.
Schreib dann einen kurzen Text dazu.

Transkriptionen

1 **Lektion 1, A1** *Vergleiche Text, S. 6*

2 **Lektion 1, B5**
A2; H5; H3; E7; F7; F6; E8; C1; E1; C4; B2; F2; A5; H2;
G8; H6; D3; C8; E2; A1; E4; D6; B4; F4; B7; G6; B8

3 **Lektion 1, C2**
Mutter: Mia, morgen ist dein letzter Schultag. Pack deine Schultasche!
Mia: Ja, ja. Ach, ich bin schon müde! Immer dasselbe.
Na gut, morgen haben wir Mathe, Deutsch, Englisch.
Wo ist das Wörterbuch? Hier! Wir haben noch Französisch und Geschichte.
Oh, nein! Morgen ist doch Donnerstag. Nicht Dienstag! Bin ich blöd!!
Wir haben Geschichte, Englisch und Physik. Dann haben wir Mathe
und Biologie. Fertig!

4 **Lektion 1, D1**
Mia: Mama, hast du die Telefonnummer von Opa Hans?
Mutter: Ja, das ist die null-vier-null-zwei-fünf-drei-drei-null-sieben-acht.

5 Mia: Oh, Mensch! Ich finde die Telefonnummer von Tante Mareike nicht.
Doch, hier! Also, null-eins-fünf-sieben-sieben-fünf-vier-drei-sechs-acht.

6 Mia: Die Nummer von Onkel Robert ist die null-sieben-null-drei-
eins-sechs-acht-zwei-sechs-neun, oder?
Papa: Ja, richtig!

7 Mia: Ach ja, meine Freundin Laura hat eine neue Telefonnummer.
Null-sieben-eins-eins-acht-sechs-fünf-vier-zwei-null.

8 **Lektion 2, A1** *Vergleiche Text, S. 20*

9 **Lektion 2, B1**
Szene 1
Junge: Super! Drei Punkte!
Szene 2
Mann: Dreißig zu Null!
Szene 3
Mutter: Sascha??? Das Essen ist fertig!
Sascha: Jaaa! Ich komme. Ich muss noch üben.

dreiundsechzig **63**

Transkriptionen

Szene 4
Junge: Tor!!!!!!!!
Szene 5
Junge: Wie schön! Ist das schwer?
Mädchen: Nein, das ist sehr einfach. Schau mal.
Szene 6
Mutter: Niko! Das ist sehr laut! Papa schläft schon.
Niko: Okay. Ich spiele nicht mehr.

10 **Lektion 3, A1** *Vergleiche Text, S. 34*

11 **Lektion 3, A4 und A5**

Rezeptionistin:	Guten Morgen.
Vater Jürgen:	Guten Morgen. Wir sind Familie Blaurock.
Rezeptionistin:	Ja. Moment mal. Ihr Zimmer ist die Nummer 104. Das Zimmer 106 ist für die Kinder und die Oma. Hier sind die Schlüssel.
Mia und Marius:	Ja, super!
Vater Jürgen:	Danke.
Marius:	Papa, wo ist der Pool?
Vater Jürgen:	Warte ein bisschen, Marius. Wir müssen noch die Koffer auspacken.
Rezeptionistin:	Der Pool ist da. Siehst du ihn nicht?
Marius:	Ach, ja!!!
Rezeptionistin:	Wir haben auch einen Mini-Klub und Fahrräder für die Kleinen.
Mutter Sabine:	Entschuldigung, wo ist das Restaurant? Wir haben Hunger.
Rezeptionistin:	Das Restaurant ist im ersten Stock, neben dem Fitness-Studio.
Mutter Sabine:	Danke.
Mia:	Das Essen in Pula ist so lecker! Aber gibt es am Abend kein Kino?
Rezeptionistin:	Leider nicht. Aber du kannst jeden Tag Filme sehen. Du hast im Zimmer einen Fernseher.
Mia:	Gut, danke.
Rezeptionistin:	Die Rezeption ist immer geöffnet. Rufen Sie an, wenn Sie noch Fragen haben. Willkommen!
Familie Blaurock:	Danke!

Transkriptionen

12 ## Lektion 3, C2
Interview 1
Moderatorin:	Guten Morgen, liebe Gäste! Wir machen heute ein Interview. Wir wollen wissen: Was essen Sie am Tag? Und hier kommt unser erster Gast. Guten Morgen, was essen Sie am Tag?
Vater Jürgen:	Oh, guten Morgen. Im Urlaub esse ich viel. Dann muss ich leider viel Sport machen. Tja, zum Frühstück esse ich immer Brot mit Wurst. Ich liebe die Wurst aus Kroatien. Ich trinke auch eine Tasse Kaffee mit Milch. Zum Mittagessen koche ich Fisch oder Fleisch. Dazu esse ich normalerweise Salat und trinke Wasser. Das ist gesund, oder? Am Abend esse ich noch einmal Brot mit Butter, Wurst, Käse, Tomate. Ach, ja! Ich trinke ein Glas Wein dazu. Wir haben nämlich Ferien …
Moderatorin:	Das ist sehr interessant. Vielen Dank.
Vater Jürgen:	Bitte, bitte.

13 **Interview 2**
Moderator:	Hallo. Wir machen ein Interview für das Radioprogramm im Hotel. Kannst du uns bitte sagen, was du am Tag isst?
Mia:	Ja, gerne! Also am Morgen frühstücke ich ein Brötchen mit Butter und Marmelade. Dazu trinke ich einen Orangensaft. Zum Mittagessen esse ich Spaghetti oder eine Fischsuppe. Papa kocht sehr gut. Dazu trinke ich oft ein Glas Limo. Zum Abendessen esse ich Pizza und trinke Cola. Salat esse ich nie. Igitt, ich mag keinen Salat!
Moderator:	Vielen Dank für das Interview. Viel Spaß in Pula noch! Tschüss.
Mia:	Danke. Tschüss.

14 ## Lektion 4, A1 *Vergleiche Text, S. 48*

15 ## Lektion 4, A4
Verkäufer:	Guten Tag.
Frau:	Guten Tag. Ich brauche eine Flasche Wasser.
Verkäufer:	Das macht dann 75 Cent.
Frau:	Hier, bitte!
Verkäufer:	Dankeschön. Auf Wiedersehen!
Frau:	Auf Wiedersehen!

16
Verkäuferin:	Guten Tag. Was möchtet ihr denn?
Junge:	Wir möchten zwei Tüten Chips.
Verkäuferin:	Sonst noch etwas?

fünfundsechzig **65**

Transkriptionen

Junge: Nein danke, das war alles!
Verkäuferin: Dann bekomme ich 1,98 € von euch.
Junge: Hier, bitte.
Verkäuferin: Danke!

17
Frau: Guten Tag. Haben Sie Milch?
Verkäufer: Ja, natürlich. Wie viel Liter Milch brauchen Sie denn?
Frau: Ich brauche drei Liter Milch!
Verkäufer: Das macht dann 3,30 €. Sonst noch etwas?
Frau: Nein, danke. Hier, bitte.
Verkäufer: Danke. Auf Wiedersehen.
Frau: Auf Wiedersehen.

18 **Lektion 4, B1**

Dialog 1
Mutter: Mia? Kommst du einkaufen?
Mia: Nein, tut mir leid. Ich muss singen.
Mutter: Was? Du singst?
Mia: Ja. Ivana spielt Gitarre. Kristina, Darko und ich singen.

Dialog 2
Oma Berta: Oh, Mann, Pippo! Du machst den Ball kaputt! Tschhhh! Ich möchte schlafen.
Oh, nein Pippo! Der Ball ist kaputt! Marius hat jetzt keinen Ball mehr.

Dialog 3
Marius: Papa, ich möchte Fußball spielen, aber ich habe keinen Ball.
Vater: Ach, Pippo ist blöd. Na Pippo??
Marius: Mein Freund Felix hat einen Ball und er ist am Strand.
Kann ich mit Felix Fußball spielen?
Vater: Okay, aber um 13 Uhr gibt es Mittagessen.

Dialog 4
Sabine: Mit wem sprichst du am Telefon?
Oma Berta: Mit Mareike. Sie ist total sauer. Sie kann nicht nach Spanien fliegen.
Ihr Mann muss arbeiten.
Sabine: Oh, nein! Müssen sie dann in Deutschland bleiben? Ach, arme Schwester!

Quellenverzeichnis

S. 8: Illustrationen: Monika Horstmann, Hamburg
S. 9: A © Thinkstock/moodboard;
B © Thinkstock/Photodisc/Medioimages/
Photodisc; C © Thinkstock/iStock/omgimages;
Flaggen © Thinkstock/Hemera
S.10: Flaggen: 1, 4, 5 © Thinkstock/Hemera;
2, 3, 6 © fotolia/createur
S. 13: Flaggen: 1, 4 © Thinkstock/Hemera;
2, 3, 5 © fotolia/createur
S. 14: A © iStockphoto/kemie; B © Thinkstock/
iStockphoto/PixelEmbargo; C © Thinkstock/
Stockbyte/George Doyle; D © Thinkstock/iStock/
Gelpi; E © Thinkstock/iStockphoto;
F © Thinkstock/iStock; G © fotolia/M. Jenkins;
H © PantherMedia/alexkalina; I © fotolia/Daniel
Burch; J © Thinkstock/iStock
S. 16: Ü D1: A © Thinkstock/Digital Vision/John
Rowley; B © Thinkstock/iStock/
m-imagephotography; C © Thinkstock/
iStockphoto; D © Thinkstock/iStock/
monkeybusinessimages
S. 20: Karte © Thinkstock/iStock/Graphic_photo;
Koffer © fotolia/Richard Villalon;
Bikini © Thinkstock/iStock/angiii; Badeanzug
© Thinkstock/Stockbyte; Taucherbrille,
Schnorchel © Thinkstock/iStockphoto; Angel
© Thinkstock/iStock/grimgram; MP3-Player
© Thinkstock/Photodisc/Thomas Northcut
S. 21: Bleistift © fotolia/Daniel Burch;
Fußball © iStockphoto/sumnersgraphicsinc;
MP3-Player © Thinkstock/Photodisc/Thomas
Northcut; Angel © Thinkstock/iStock/grimgram;
Bikini © Thinkstock/iStock/angiii
S. 24: 1, 4 © Thinkstock/iStockphoto;
2 © Thinkstock/iStockphoto
(Schriftzug "Superheld" © Hueber Verlag);
3 © Thinkstock/iStock/angiii; 5 © iStockphoto/
sumnersgraphicsinc; 6 © Thinkstock/
iStockphoto; 7 © Thinkstock/Zoonar;
8 © Thinkstock/Comstock; 9 © iStockphoto/
Rouzes; 10 © iStock/domin_domin; 11 © fotolia/
Alx; 12 © Thinkstock/iStock/EkaterinaZakharova
S. 26: 1 © Thinkstock/iStock/Werner Münzker;
2 © iStock/GlobalP; 3 © Thinkstock/iStock/
ulkan; 4 © iStockphoto/sumnersgraphicsinc;
5 © fotolia/Diedie55; 6 © Thinkstock/iStock/
monkeybusinessimages

S. 27: 1: links © fotolia/Diedie55; rechts
© Thinkstock/Hemera/Olga Chernetskaya;
2: links © Thinkstock/iStock/ulkan; rechts
© Thinkstock/iStock/IngaNielsen; 3: links
© iStockphoto/JPecha; rechts © Thinkstock/
Hemera; 4: links © Hueber Verlag/Iciar Caso;
rechts © Thinkstock/iStockphoto/nevodka
S. 28: Ü C5: A-D: Monika Horstmann, Hamburg
S. 29: Flaggen © fotolia/createur
S. 30: Ü D2 © fotolia/Franz Wagner;
Ü D3 © fotolia/c; Flaggen © Thinkstock/Hemera
S. 31: Zytglogge © fotolia/Schlierner;
Flagge © fotolia/createur
S. 34: Küche © Thinkstock/iStock/annaia;
Wurst © Thinkstock/iStock/Evgeny Tomeev;
Strand © Thinkstock/iStock/ruidoblanco; Meer
© Thinkstock/iStock/Olga_Gavrilova; Pool
© iStock/Veronica Bogaerts
S. 35: Ü A3: A, C, D, F: Michael Mantel, Barum
S. 37: © Thinkstock/Hemera/Fedor Selivanov
S. 40: 1 © Thinkstock/iStockphoto/Yong Hian
Lim; 2 © fotolia/photocrew; 3 © Thinkstock/
iStock/atoss; 4 © Thinkstock/iStockphoto;
5 © fotolia/Stocksnapper; 6 © fotolia/Diedie;
7 © Thinkstock/iStock/Viktar Malyshchyts;
8 © Thinkstock/iStock/Werner Münzker
S. 46: Aufstehen, Frühstück, Schlafen,
Einkaufen, Fernsehen: Gisela Specht, Weßling;
Schwimmen, Lesen, Computer, Kuchen essen,
Eis kaufen: Jörg Saupe, Düsseldorf
S. 50: Ü A3: 1 und 2 links © Thinkstock/
iStockphoto; 2 rechts © Thinkstock/iStock/
IngaNielsen; 3 links © Thinkstock/iStock/ulkan;
3 rechts © Thinkstock/iStock/Werner Münzker;
Ü A4: 1 © iStock/deepblue4you; 2 © Hueber
Verlag/Iciar Caso; 3 © fotolia/seen
S. 52: Bild, Computer: Jörg Saupe, Düsseldorf;
Buch, Fahrrad: Zacharias Papadopoulos, Athen;
Haus: Gisela Specht, Weßling
S. 56: Kino: Jörg Saupe, Düsseldorf
S. 57: Einkaufswagen: Jörg Saupe, Düsseldorf;
Fahrrad, Fernsehen: Zacharias Papadopoulos,
Athen; Hausaufgaben: Gisela Specht, Weßling;
Surfen, Aufräumen: Bettina Kumpe,
Braunschweig; Lesen: Jörg Saupe, Düsseldorf
S. 58: Ü C5: 1: Michael Mantel, Barum

siebenundsechzig **67**